LE
DERNIER ESCLANDRE
DANS
L'ÉCOLE DE DAME EUROPE

TRADUIT DE L'ANGLAIS

Par F. AUBERTIN

PARIS

E. DENTU, LIBRAIRE-ÉDITEUR

PALAIS-ROYAL, 15-17-19, GALERIE D'ORLÉANS

1876

LE DERNIER ESCLANDRE

DANS

L'ÉCOLE DE DAME EUROPE

PARIS

IMPRIMERIE BALITOUT, QUESTROY ET Cⁱᵉ

7, rues Baillif, et de Valois, 18.

LE
DERNIER ESCLANDRE

DANS

L'ÉCOLE DE DAME EUROPE

TRADUIT DE L'ANGLAIS

Par F. AUBERTIN

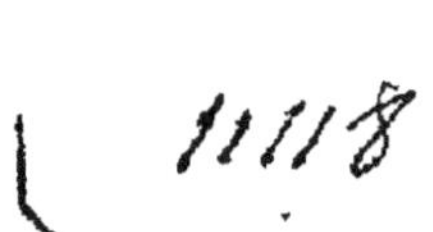

PARIS

E. DENTU, LIBRAIRE-ÉDITEUR

PALAIS-ROYAL, 15-17-19, GALERIE D'ORLÉANS

1876

LE DERNIER ESCLANDRE

DANS

L'ÉCOLE DE DAME EUROPE

————— ⚹ —————

Cette pauvre Dame Europe est encore une fois très contrariée. Le fait est que tous ses garçons deviennent trop grands, et qu'elle ne peut plus les gouverner.

Ce ne sont pas précisément ses plus grands garçons qui lui donnent du tracas ; voire même ils ont été assez sages ces derniers temps : Louis a eu un furoncle qui l'a obligé de rester chez lui ; mais il va mieux maintenant. Guillaume a beaucoup grandi le dernier trimestre, et ses vêtements lui sont devenus trop petits ; par suite la majeure partie de son temps est employée à arranger ses pantalons et ses vestes. Comme il est pauvre il doit avoir recours à des moyens économiques.

Ensuite il y a Nicolas qui laisse pousser sa moustache, et qui a l'air d'un homme ; il est devenu assez turbulent. Il a une manière à lui de faire battre les petits entre eux, et puis il ramasse ce qui tombe de leurs poches. Ça, dit-il, c'est pour rire ; ce qui néanmoins met de la brouille entr'eux, et ça vexe fort les autres moniteurs.

Quant à Johnny, il est devenu trop gras ; le trimestre dernier il a cessé de faire l'exercice, et s'est mis sérieusement à faire des jouets qu'il vend à Guillaume, à Louis et à Nicolas. Il a trouvé que ça lui allait mieux que de faire l'exercice, et alors il a dit à ses factotums de ne s'occuper que de mettre son tour en train, de lui construire des bateaux et de bien entretenir son jardin. Quelques-uns de ses factotums auraient préféré continuer à faire l'exercice, mais ils en furent pour leur mécontentement. Cette manière de procéder a entièrement gâté Johnny, tellement il est devenu gras et fainéant et il a complètement cessé de s'occuper de ce que font les autres.

Son factotum principal a pris avantage de ceci, et comme lui et Johnny sont de bons amis, il a obtenu de lui de ne plus travailler, et de venir dans son étude.

Quant au second factotum, il ne se soucie pas beaucoup de travailler non plus ; mais en revanche, il se fait des petits jardins, et cultive des fleurs et des légumes. Comme ils font chacun ce qu'ils veulent avec Johnny, le reste leur est bien égal.

Le nouveau factotum en chef est un garçon bien tranquille, qui n'ouvre la bouche que quand on lui adresse la parole.

Ce sont maintenant les petits garçons qui donnent du tracas dans la petite classe. Depuis que Louis et Guillaume se sont donné une râclée, les moniteurs n'ont pas du tout fait leur devoir. Ils sont devenus jaloux et méfiants l'un de l'autre ; chacun d'eux cherchant à se faire considérer comme le coq de l'école par les autres, et à se faire attribuer les jardins des petits garçons. Naturellement ceci les empêche de s'occuper de leur affaire, et de protéger les jeunes enfants comme le voulait Dame Europe ; elle a donc été obligé de s'adjoindre deux sous-maîtres pour s'occuper de la petite classe, et pour maintenir l'ordre parmi les grands.

L'un d'eux, M. C.-A. Head, est un homme tout petit, avec une tête de furet, des yeux vifs et brillants ; il est très-actif et met son nez partout.

Il connaît les histoires de chaque garçon — pour combien Johnny a vendu son dernier jouet, — comment va le clou de Louis, et même où Guillaume prendra le morceau qu'il lui faut pour se mettre un fond de culotte. Le seul dont il ne se rend pas bien compte, c'est Nicolas ; mais ça, c'est parce qu'il a le caractère mal fait, et qu'il ne veut faire se lier avec personne.

Ce M. Head a plusieurs sobriquets ; mais celui par lequel il est le mieux connu, c'est celui de « Daily News » (Nouvelles quotidiennes), parce qu'il connaît presque tout, et qu'il a tous les jours une nouvelle petite histoire à leur raconter. Il est très populaire, et, néanmoins, ils le craignent un peu, car il se sert souvent du martinet, et ne craint aucun garçon, pour si grand qu'il soit, et puis il a beaucoup d'influence sur l'autre sous-maître, M. Poplar Pinion (Opinion publique), qui ne lui ressemble en rien ; celui-ci est très grand, avec une bouche en proportion, et parle très haut, et cependant il ne parle pas souvent ; seulement, quand il s'y met, il va droit au but et a beaucoup d'importance avec les garçons. La vieille Dame ne les aime pas beaucoup ni l'un ni l'autre, car ils sont bourrés d'idées nouvelles, et elle en tient pour les vieilles idées ; mais enfin elle est obligée de garder ces deux sous-maîtres, parce que les parents et les garçons aiment que ce soit comme ça.

En dehors de ça, « Daily News », comme l'appellent les garçons, fait de très jolies conférences à propos de tout, depuis l'économie politique jusqu'à la géographie et la musique, et tout ce qu'on peut s'imaginer. M. Pinion fait aussi des conférences; mais c'est surtout sur la déclamation qu'il parle le mieux.

Tout allait bien depuis la rentrée, lorsque, l'autre jour, il y eut un esclandre dans la petite classe.

Dans la seconde classe, qui est l'avant-dernière, il y a un grand garçon sale, à l'air maladif et qu'on appelle Constantin Mange-Tout. Depuis qu'il est à l'école, il est malade, et il est toujours couvert de clous et de boutons. Dans les premiers jours, les autres furent très aimables pour lui. Il y a quelques trimestres, quand Nicolas voulut le bousculer parce qu'il ne voulait pas être son souffre-douleur, et qu'il essaya de lui prendre un morceau de son jardin et même son pavillon pour y construire ses bateaux, John et Louis ne voulurent pas en entendre parler, intervinrent et obligèrent Nicolas à se tenir tranquille, et alors Johnny donna à Constantin du taffetas d'Angleterre,—d'abord d'une espèce et puis d'une autre ; — Louis lui fit cadeau de quelques potions calmantes, et Guillaume fit ce qu'il put. — Mais que fit-il de tout ça ? Il le mit au Mont de Piété pour s'acheter des épingles de cravate en cuivre, des cravates voyantes, de la limonade, et pour peindre son pavillon. Il était le plus grand des garçons de la petite classe, et avait beaucoup de factotums ; mais il avait envie de ressembler à ceux de la grande classe, et il croyait qu'il fallait agir ainsi ; mais jamais il n'aurait pu ressembler à un gentleman comme Louis ou Johnny.

A la fin, ils se fatiguèrent de lui faire des cadeaux ; car tout ce qu'ils faisaient pour lui ne lui faisait pas de bien ; mais ça, c'est parce que chacun d'eux voulait essayer une manière différente ; Johnny était allopathe, Louis homœopathe, tandis que Nicolas n'admettait que la chirurgie. Somme toute, ils reconnurent que la maladie était dans le sang.

Il fallait cependant s'occuper de lui parce qu'il avait la garde de la clef de la cour de récréation, qui était toujours confiée au plus grand de la petite classe. On était obligé d'avoir une clef à la

cour de récréation, parce que Nicolas avait l'ha-
bitude d'y aller en dehors des heures de récréation,
pour essayer de se faire un jardin au détriment des
autres et en abîmant leurs plates-bandes. Ensuite
il avait toujours été en colère parce qu'il n'avait
pas pu avoir de pavillon pour y faire ses bateaux
à son aise.

Le jardin de Constantin était situé sur les bords
d'un petit lac, et son pavillon qui était très com-
modément placé pour faire naviguer les bateaux,
aurait été très utile à Nicolas pour y construire
les siens. Aussi Constantin ne voulait pas s'en
défaire, et les autres moniteurs ne voulaient pas
qu'il fût à même de gagner les premiers prix aux
régates. Il persistait cependant à agir ainsi, bien
que les autres l'eussent prévenu qu'ils lui flan-
queraient une pile, s'il continuait ; — aussi
voyant que Johnny était devenu paresseux, que
Louis était faible et Guillaume très occupé, il fit
son possible pour s'adjoindre Guillaume. Mais
Mark, factotum de Guillaume, ne voulut pas lui
promettre de secours, mais lui dit seulement qu'il

lui conseillait de se tenir tranquille, — Nicolas n'en continuait pas moins et donnait des coups de pieds et pinçait ce pauvre Constantin, quand les autres ne regardaient pas ; il lui faisait son lit en portefeuille et prétendait n'y avoir pas touché.

Or, dans la petite classe il y avait trois petits garçons, factotums de Constantin. Ils étaient cousins, et avaient chacun un petit bout de jardin, dont ils prenaient grand soin : mais ils devaient donner à Constantin les plus belles fleurs et les meilleurs légumes. Ils s'appelaient Cerfy, Bulgy et Monty ; Monty était le plus petit, un petit garçon nerveux, souple et très courageux. Son jardin était très stérile, mais il n'en travaillait que davantage. Le jardin de Cerfy était plus grand et plus fertile ; mais le plus beau de tous était celui de Bulgy, qui en prenait un très grand soin ; car, en dehors des roses qu'il faisait pousser partout où il pouvait, il avait de jolis petits pavillons, autour desquels il avait planté des lis, des fuchsias et des violettes, et puis, connaissant un peu la chimie,

il distillait ses roses, et faisait cadeau d'une bou-
teille d'odeur à tous ses amis.

Tous ces petits garçons, bien qu'ils fussent au
fond de la classe, et par conséquent que les grands
ne s'occupassent pas beaucoup d'eux, étaient néanmoins très sages, allaient à l'église régulièrement
et apprenaient leurs hymnes et leurs psaumes le
dimanche.

Constantin en avait toujours après eux, essayait
de leur prendre toutes leurs fleurs, leur donnait des
coups de pied, parce qu'ils n'en avaient pas lors-
qu'elles étaient hors de saison, et jurait après eux
parce qu'ils allaient à l'église — car c'était un vrai
mauvais sujet et il haïssait l'église. Un jour, tous
les garçons jouaient aux billes quand arriva
Constantin qui prit toutes celles de Monty et lui
donna une calotte.—Espèce de grand animal ! lui
dit Monty, je ne supporterai pas ça plus longtemps ;
et il courut sur Constantin et lui donna des coups de
pied dans le bas des jambes. Sur le moment, comme
il était loin de s'attendre à cette attaque, Constantin
en fut très surpris, et ça lui fit d'abord beaucoup de

mal, mais il eut bientôt fait d'attraper Monty par la peau du cou, et il commença de le bourrer de coups de poing.

Tous les garçons avaient entendu le tapage et firent cercle pour regarder. Ils se contentèrent de dire : « Ce n'est que Constantin et son factotum », et ils n'essayèrent même pas de les séparer.

Il y en eut qui dirent que Constantin n'avait que ce qu'il méritait, et d'autres qu'un factotum n'avait pas le droit de regimber contre son maître.

Johnny qui fut *le dernier à arriver*, dit : C'est une honte que vous rossiez un petit freluquet comme ça, laissez-le donc tranquille ; mais il se rappela qu'il n'avait pas fini un jouet qu'il était en train de faire ; il s'en retourna, en les laissant continuer à se battre. Les autres ne firent que parler, mais ne s'en mêlèrent point.

Bientôt Monty fut fatigué et allait presque se soumettre, lorsque Cerfy, qui avait surveillé et parlé aux autres factotums, s'approcha de Constantin, et lui dit :

« Tu sais ! je ne veux pas que tu rosses mon cousin. J'ai été ton souffre-douleur assez longtemps ; je ne veux plus l'être, et je ne le serai plus. »

Il enleva sa veste, et se mit en position de boxe, à côté de son cousin, et dit aux autres factotums de l'aider.

Eh bien ! malgré ses épingles en cuivre et ses cravates voyantes, Constantin n'avait pas peur, et leur tomba dessus ; mais après s'être donné quelques tapes de part et d'autre, la cloche sonna pour la rentrée en classe.

Naturellement après la classe les garçons se réunirent et commencèrent à causer de tout cela, — une ou deux fois auparavant les factotums s'étaient révoltés, mais ils n'avaient reçu que des coups, — il y en avait qui le trouvaient amusant, d'autres, que Cerfy était un petit garçon très-courageux.

Alors Louis dit : Moi je ne m'en mêle pas, qu'ils se débrouillent tout seuls. J'ai à m'occuper de mes propres factotums, et j'ai assez à faire comme ça.

Guillaume se mit à rire, et lui donna raison, car il était très occupé aussi.

Johnny se contenta de dire : Laissez-moi la paix, j'ai de nouveaux jouets à faire ; un *ornement de cheminée* pour la Dame, et puis autre chose pour Benny (Disr....). Nicolas, lui, ne dit rien du tout, car tous les garçons savaient ce qu'il pensait ; mais ensuite il alla trouver Cerfy, et le tapant sur le dos lui dit : Tu es un petit garçon courageux et je t'aiderai tant que je pourrai ; seulement il ne faut pas que Louis et Johnny le sachent, parce que certainement ils me chercheraient querelle, et il y a un morceau de mon jardin qui n'est pas fini. Fais ton possible, et si tu le rosses, je te donnerai une DEMI-COURONNE.

Naturellement, Cerfy fut très content de ceci, et alla le dire à Monty, et ils s'entendirent pour résister à Constantin aussi longtemps qu'ils le pourraient, et le fatiguer à tel point qu'il serait obligé de ne plus les considérer comme ses factotums. De sorte que pendant les deux ou trois semaines qui suivirent ils ne firent que se battre.

2

Quelquefois Monty et Cerfy donnaient quelques bons coups de pied à Constantin, mais si jamais il parvenait à en prendre un tout seul il le tançait d'importance. Et pendant ce temps-là les grands garçons ne faisaient que parler et n'intervenaient pas du tout.

A la fin, les garçons se fatiguèrent de ce bruit incessant. Constantin et Cerfy couraient dans les jardins l'un de l'autre; mais comme ils étaient sur le qui-vive ils se jetaient des pierres et puis se sauvaient.

Près de leurs deux jardins se trouvait celui de Bulgy, qui était un petit garçon bien tranquille et qui n'aimait pas à se battre. De plus il avait très peur de Constantin, et par suite ne voulant se mêler en rien à la querelle, il n'en était que plus attentif pour ses roses.

A la fin Constantin ne put plus supporter de voir ce petit garçon si tranquille; alors il appela tous les factotums qui lui étaient restés fidèles et leur dit : « Bulgy est un petit rapporteur et il a chez lui une grande quantité de parfums et de fleurs. Allez-y et rapportez-moi tout ; s'il veut vous en empêcher, tapez dessus, mais il n'en fera rien. »

Ils se mirent en route aussitôt et trouvèrent Bulgy à son travail. Ils commencèrent par arracher les roses avec leurs racines, et à démolir ses pavillons sous prétexte de chercher des parfums. Le pauvre petit Bulgy, pleurant à chaudes larmes, disait : Je vous en prie, ne brisez pas tout, je vous donnerai toutes les roses, mais laissez-moi au moins les racines, je vous en supplie !

Maintenant il faut vous dire que ces gamins étaient de méchants butors quand ils se sentaient soutenus par Constantin. Aussi, dès qu'ils virent le pauvre Bulgy en pleurs, ils se mirent non-seulement à enlever les roses avec leurs racines, mais aussi à couper les têtes des jolis lis ; ils les jetèrent dans la boue, ils trépignèrent sur les plates-bandes et ne partirent qu'après avoir tout détruit.

Ils ne furent pas satisfaits d'avoir entièrement détruit les plantes et les fleurs, mais ils se crurent obligés de chercher avec leurs couteaux dans la terre pour y trouver les petites plantes et les couper en morceaux.

Après avoir terminé cette besogne ils tombèrent sur Bulgy, le battirent, lui donnèrent des coups de pied, lui tirèrent les cheveux, lui déchirèrent ses vêtements et le laissèrent couché dans un coin, tout meurtri et à moitié mort de peur.

Il faut vous dire que M. Head, se promenant par là, entendit ce bruit, vit la fumée et se douta qu'il y avait quelque chose de louche.

En arrivant il trouva le pauvre Bulgy dans le coin, et aperçut Constantin et ses factotums qui se sauvaient. Il se baissa, prit Bulgy dans ses bras et lui demanda s'il avait beaucoup de mal.

Bulgy ne fit que sangloter et répondit : Ce que j'ai attrapé, ça m'est bien égal ; mais regardez mes roses et mes lis, mes pauvres chers lis, que j'aimais tant ; car Bulgy était un peu drôle et donnait à ses lis les noms de sa mère, de ses sœurs, de ses amies.

Or « Daily-News » était en colère, et quand il s'y mettait, c'était pour de bon. Il posa Bulgy par terre, doucement, et lui dit : Attends un peu ici, mon petit homme, pendant que je vais te chercher un peu d'eau chaude et du taffetas d'Angleterre, et tu verras si je ne..... mais il partit se parlant à lui-même.

Quand les garçons aperçurent M. Head si pressé et si en colère, ils en furent étonnés; aussi quand ils lui virent prendre de l'eau chaude, ils comprirent que ça devait se rapporter à la querelle de Mangetout; mais quand il revint conduisant Butgy par la main, ils firent cercle pour savoir ce qui était arrivé. Tous les factotums y étaient, et on remarqua que M. Poplar Pinion y assistait aussi pour entendre ce que M. Head avait à dire.

Il dit alors : Mes enfants, vous voyez ce petit garçon; vous savez tous combien il travaille dur, et vous aimez tous ses roses et ses parfums. Hier il était dans son jardin à soigner ses roses, ses lis, et ses petites plantes, il ne troublait et ne s'occupait de personne. Alors il y a eu cette querelle entre Mangetout et ses factotums. Il a prétendu que Bulgy avait trempé dedans ; mais le fait est qu'il voulait tout simplement lui voler ses roses et en faire un souffre-douleur. Maintenant vous voyez ce pauvre petit parmi vous, meurtri, saignant de la tête, ses bras et ses jambes contusionnés, ses vêtements brûlés et déchirés, et quant à son jardin, ce n'est plus qu'un désert ; ses roses ont été arrachées par la racine, ses pavillons brûlés, ses lis, si purs et si blancs, **qu'il** soignait tant et dont il était si fier, sont maintenant souillés ou **piétinés** ; beaucoup d'entre eux sont morts, et son cœur est presque brisé. Et qui a commis toutes ces méchancetés ? c'est ce grand animal de Constantin, qui a des cheveux rouges et qui n'ouvre la bouche que pour mentir. Permettrez-vous que ça continue ainsi ? laisserez-vous dire que de telles choses se passent dans votre école ? Vous vous rappelez bien l'affaire qu'il y a eu de l'autre côté de la rue ; comme vous avez tous crié contre ce qui se passait ? et aujourd'hui

on fait parmi vous la même chose, sinon pire.
Que diront les autres écoles? Si un garçon est insolent il faut le rosser. Oui, voilà la règle de toutes les écoles, mais une fois que c'est fait, ne
soyez pas rancunier, n'abîmez pas son jardin,
ne soyez pas si cruels; mais ce petit garçon n'a pas
été insolent et vous voyez où l'a réduit sa bonne vo-
lonté. Il ne pourra arranger son jardin avant Noël,
et vous savez ce que c'est que Noël sans décors.
Mes enfants, je ne puis pas en dire davantage; j'ai
été un petit garçon comme vous; mais maintenant
je suis sous-maître et il ne m'est pas permis de
dire tout ce que je voudrais, *mais vous compre-
nez ce que signifient mes paroles.* — Quand il eut
fini, il y eut un grand mouvement parmi les garçons, mais les factotums, pensant qu'il y aurait du
travail pour eux, commencèrent par s'en aller en
tapinois. Le factotum que Johnny avait eu dans le
temps, Benny (D.sr..l.), dit : Je n'en crois rien;
ce garçon est tout simplement tombé, on l'a tancé
pour avoir été insolent, et je ne crois pas que son
jardin ait été abîmé. Il rentra dans son étude, en

fermant la porte avec un mouvement d'humeur.

Un à un tous les garçons s'en allèrent ; quelques-uns disaient quelques mots à Bulgy, mais la plupart ne le regardaient seulement pas. Quant à Nicolas, il ne s'en approcha pas, car il était très occupé à mettre du taffetas sur la blessure faite à Cerfy par un grand coup de Constantin. Cerfy avait presque été obligé de demander pardon à celui-ci, qui avait l'air fort content de lui-même, dans un coin de la cour de récréation, ce qui ne l'empêchait pas de se prendre de querelle avec un de ses factotums qui était malade.

Johnny alla trouver Bulgy, et lui dit de ne pas y faire attention, et lui donna une pièce de cinq sous et un morceau de taffetas, et après avoir envoyé un des factotums voir les dommages faits dans le jardin de Bulgy, il s'en retourna finir ses jouets.

Mais M. Poplar-Pinion, qui l'avait surveillé tout le temps et qui avait pris bonne note de ce qu'il faisait, se mit à le suivre l'œil en colère et la figure indignée. Il le suivit dans son étude ou

il trouva Ben occupé avec un nouveau jouet que
sa maman venait de lui donner, et Billy (Gl.ds-
t..) en train d'arranger son arrosoir, et le garçon
silencieux avec un livre et un dictionnaire.
Johnny y était aussi, il avait chaud et voulait pa-
raître indifférent ; mais il chantait « Rule Bri-
tannia » horriblement mal.

Quand M. Poplar-Pinion vit que personne ne
s'occupait de lui, mais que, au contraire, ils con-
tinuaient à s'amuser comme auparavant, il se mit
fort en colère et cria :

— Dites donc, Johnny, et vous autres là, avez-
vous oublié qui je suis ? Avez-vous perdu tout le
respect que vous me devez ?

— Je vous demande pardon, monsieur, dit le
garçon tranquille, je ne vous avais pas vu.

Mais Ben et Billy se mirent à bouder.

— Johnny, continua-t-il, je suis venu pour causer sérieusement avec vous. Vous avez entendu ce
qu'a dit M. Head dans la cour de récréation ; vous
avez vu ce petit enfant, dans quel état il est et de
quelle façon Constantin l'a traité, et vous voilà

néanmoins, vous remettant de la façon la plus tranquille à vos amusements, car il ne me plaît pas d'appeler ça du travail.

Ici Ben se mit à murmurer que c'était l'heure de la récréation.

— Ah! vraiment! l'heure de la récréation? Je voudrais bien savoir ce que vous entendez par là? mais c'est tout comme vous, Benjamin, qui avez toujours quelque mauvais prétexte pour ne rien faire. Quant à toi, Johnny, je n'aurais jamais cru te voir aussi privé de sentiment, que tu l'es ou que tu prétends l'être. Je croyais que tu n'aimais pas les butors, et que tu soutenais les petits. Tu te vantais que jamais aucun garçon n'en bousculerait un plus faible tant que tu serais là. Tu montrais ton jardin du doigt, et tu disais qu'il suffisait qu'un garçon frappât à ta porte, et tu verrais toujours à ce qu'on jouât cartes sur table. Quand tu étais beaucoup plus petit, tu soutenais tes amis. Quand Constantin est arrivé à l'école et que Nicolas voulut lui prendre une partie de son jardin et le bousculer, tu t'es mis entre les deux, et tu l'as aidé ; et maintenant qu'il est devenu butor à son tour tu ne veux seulement pas lui *dire de se tenir tranquille*. As-tu par hasard l'intention de le soutenir, quand il a tort, aussi bien que quand il a raison.

Pour sûr, tu n'es pas si bête que ça. As-tu peur de ce que diront les autres moniteurs? Non, ça ne peut pas être. Qu'as-tu donc ? Es-tu malade? Non. Eh bien ! alors c'est que tu es un fainéant et voilà tout. Les factotums t'ont gâté, et raconté ceci et cela, et quand tu t'es mis en colère, ils t'ont fait des promesses à dormir debout, parce qu'ils voient bien que tu es trop gras et trop fainéant. Tu aimes trop à faire des jouets. Tu aimes à faire sonner dans tes poches ces quelques malheureux sous, que les autres te donnent, parce qu'ainsi ils te font croupir dans ta paresse, ils te tiennent tranquille et t'empêchent de faire l'exercice. Tu ne vois donc pas que c'est là ce qu'ils veulent? Ils t'achètent des jouets qui leur servent de modèle, et ils enseignent à leur factotums à les faire tout aussi bien que toi, et alors où prendras-tu tes sous ? Mais en revanche tu auras perdu quelque chose — le respect que te doivent les petits garçons, — et qu'est-ce qu'un moniteur qui n'est pas respecté ? Allons, Johnny, du courage, ne leur laisse pas faire ça, ne permets pas à la Dame de faire ce dont elle t'a menacé l'année dernière. Il n'est pas encore trop tard. Remue-toi, Johnny, remue-toi.

Johnny avait été impatienté pendant tout ce temps-là et il l'interrompit en lui disant : Oui, monsieur, tout ce que vous dites-là est vrai, mais que voulez-vous que j'y fasse. Quand Louis et Guillaume se sont battus Billy m'a persuadé que je devais rester *neutre*, et maintenant Benjamin, qui a lu beaucoup de livres nouveaux de toutes sortes, me dit que je n'ai pas le droit d'intervenir. il dit que ça s'appelle *loi internationale*, et il ajoute que tout le monde a le droit de rosser ses propres factotums.

— D'abord, commence par ne rien me dire de ce qu'ils radotent, lui ou Billy. Je me soucie d'eux comme de Colin-Tampon. J'ai été vivement déçu et dans l'un et dans l'autre. Ils ont attrapé la paresse générale, et ne se soucient de rien en dehors de leur personne ou de leurs amusements. Agis donc par toi-même.

— Mais comment, je ne vois pas comment ! J'ai parlé, ou, du moins, mon factotum est allé trouver Constantin et lui a parlé souvent, du moins à ce qu'il dit.

— Voilà précisément ce que c'est, Johnny ! à ce qu'il dit. Mais c'est qu'il est le plus grand fainéant que j'aie jamais vu. Il n'a pas autant de cervelle qu'un hibou et moins de cœur qu'une souris.

Il est allé trouver Constantin souvent et a commencé à lui parler. Mais celui-ci lui a fermé la bouche avec des gâteaux, a bourré sa poche de bonbons et *alors* lui a raconté, pendant qu'il mangeait, que toutes ces histoires à propos de Bulgy *n'étaient que des mensonges,* qu'il ne lui avait donné qu'une petite calotte et que si jamais il pinçait ses factotums à lui faire des niches, il *promettait* de les punir et de les renvoyer.

Voilà ce que c'est et Ben le sait très bien.

Maintenant je vais te dire ce qu'il faut que tu fasses ; fais venir cet âne — je ne peux pas l'appeler autrement — de suite, gronde-le, et renvoie-le.

Choisis un de tes meilleurs factotums ; expédie-le vers Constantin pour qu'il lui dise qu'*à moins qu'il ne se mette au travail tout de suite* pour réparer autant que possible le mal qu'il a fait à Bulgy, qu'il rebâtisse son pavillon, qu'il ratisse ses plates-bandes et qu'il paie ses roses au moins (car ses lis et ses violettes, ses fleurs et ses racines, il ne pourra jamais les lui rendre), tu iras toi-même pour l'y forcer, et ensuite le mettre à la porte de l'école.

Si tu fais ça tout de suite, les petits garçons t'aimeront et te chériront, les grands garçons t'en respecteront davantage, même s'ils te cherchent querelle ensuite — il y en aura qui prendront ton parti, — et la vieille Dame te pardonnera ta paresse passée, et te fera ce que tu étais avant, son moniteur principal et bien-aimé.

Mais tu ne peux pas le faire avec les factotums que tu as.

Rassemble-les, choisis les bons, ceux sur lesquels tu peux compter, et alors.....

A ce moment la cloche sonna pour rentrer en classe.

Paris, le 20 octobre 1876.

PARIS

IMPRIMERIE BALITOUT, QUESTROY ET C°

7, rue Baillif et rue de Valois, 18